풍시조로 세상 때리기

임 유 행 시집

지성 · 감성의 메타언어
조선문학시인선 · 265

풍시조로 세상 때리기

조선문학사

책머리에

그 동안 특집으로 혹은 연재로 발표했던 풍시조들을 한데 묶어 풍시조집으로 묶어 보았다.

세상 탓은 아무래도 가진 것이 없는 약자보다는, 힘이 있는 쪽 강자를 때려야 실감이 나기 마련이라서, 조금은 맞아도 아프지 않을 기득권층인 보수층이 나의 주 타켓이 되었다.

평소의 나의 성향도 진보 쪽이기에, 세상은 앞으로 나아가야 하고 그러자니 변화를 좇는 편에 서게 된다. 시대에 안주하는 이들보다는 광야에서 맨손으로 싸우는 이들에 의해 세상이 나아가지 않은가. 그래서 권력도 힘도 없는 문인으로서는 몇 줄의 글로서나마 매를 들었다.

풍시조는 이 시대의 신문고다. 진정 힘없는 이들의 아픔을 대변하고 높은 자리서 껍죽대는 이들을 비웃고 꼬집어 줌으로써 속이라도 후련하지 않겠는가. 물론 개인적인 감정이나 원한은 없다. 그러므로 정권의 전면에 서 계신 분들에겐 본의 아니게 험담을 하게 되어 미안한 생각이다. 하지만 그분들도 이 풍시조를 본다면 일말의 가책이라도 가지시길 바라고 그래야하지 않을까 싶다.

말이 매보다 더 아프다고 하지 않던가. 세상이 하도 요동을 치다 보니 변화하는 시대의 꼬리에 내가 더러 맞을 때도 있고, 너무 직설법을 쓰다 보니 메타포를 놓친 적도 많다. 한 시대가 지나고 나면 홀랑 뒤집히기 일쑤여서 제자리에 있는 게 거의 없으니 때려놓고 헛다리를 짚을 때도 많다.

시대의 변두리에서 울화를 삭히며 몇 줄의 글로 매를 들어 본다. 이미 저만치 달아나는 손자 놈을 쫓아가며 뒤통수에 대고 훈계를 하듯이.

늘 새로운 세계를 열어 주시고 이끌어 주시는 박교수님께 보답하는 뜻으로 부족한 이 글들을 바치며 기운이 미칠 때까지 매진할 것을 다짐해 본다.

2009년 仲秋

임 유 행

임유행 시집

諷詩調로 세상 때리기

차례

책머리에 · 5

골목대장 · 13
독도 · 1 · 13
독도 · 2 · 14
올림픽과 8자 · 14
이명박 게임 · 15
불경기는 무슨 · 15
촛불과 최루탄 · 16
종교와 권력 · 16
부시 · 17
최루탄 · 17
MB · 하나 · 18
MB · 둘 · 18
불구경 · 19
쇠고기 국정조사 · 19
설거지론 · 20
빗장 · 20
뻐대 · 21
새우등 · 21
복음화 · 22
7.4.7 구호는? · 22
미분양 아파트 · 23
법석떨기 · 23
촉진제와 억제제 · 24
귀동냥 · 24
최진실 · 25
인터넷과 자살 · 25

부시 제꼴 못봐 · 26
묻지 마 살인 · 26
통일 · 27
교회제국 · 27
제 닭 잡아먹기 · 28
식탁 · 28
계산법 · 29
펀드 · 29
환율 · 30
여야 · 30
깜짝쇼 · 31
역설 · 31
힘겨루기 · 32
세계질서 · 32
버락 오바마 · 33
오바마 · 1 · 33
오바마 · 2 · 34
오바마 · 3 · 34
오바마 · 4 · 35
청개구리 부동산 · 35
애물단지 부동산 · 36
동병상련 · 36
고별 정상회담 · 37
여의도 메들리 · 37
4대강 살리기 · 38
구세주는? · 38
그래도 역시 미국이다 · 39
휴대폰 · 39
원정출산 · 40
지하벙커 · 40
고시원 · 41
부동산 불패신화 · 1 · 41
부동산 불패신화 · 2 · 42
부동산 불패신화 · 3 · 42

부동산 불패신화 · 4 · 43
역 전세난 · 43
미네르바 · 44
MB법 · 44
한일 정상회담 · 45
전투는 이기고 전쟁은 진다 · 45
지하 노래방 참사 · 1 · 46
지하 노래방 참사 · 2 · 46
용산 철거민 참사사건 · 하나 · 47
용산 철거민 참사사건 · 둘 · 47
용산 철거민 참사사건 · 셋 · 48
용산 철거민 참사사건 · 넷 · 48
촛불재판 · 49
전쟁연습 · 49
수신제가부터 하시죠 · 50
닭 쫓던 뭐 꼴이니 · 50
야구를 배우시라 · 51
눈 가리고 · 51
관객의 눈 · 52
북쪽의 방귀소리 · 52
명배우 교습소 · 53
솔로몬의 지혜 · 53
두다버버 · 54
112 초고층 빌딩 · 54
백악관 · 55
새개발 · 55
김정일 · 56
조국론 · 56
북한과 우주선 · 57
탤런트의 자살소동 · 57
한일 야구 · 58
북한 돈 · 58
보복수사 · 59
제2 롯데월드 · 59

화합은 언제? · 60
조족지혈 · 60
언론플레이 · 61
김연아 · 61
북에 잡힌 미국 기자들 · 62
박연차 저승사자 · 62
형님정치 · 63
웃기는 토요일 · 63
벼랑 끝 전술 · 64
일본의 과민반응 · 64
철부지도 아니고 · 65
사후 약방문 · 65
진실게임 · 66
성 상납이라니 · 66
청와대 · 1 · 67
청와대 · 2 · 67
국제 무기 게임 · 68
노무현의 고백 · 68
이현령비현령 검찰 · 1 · 69
이현령비현령 검찰 · 2 · 69
노무현 · 1 · 70
정치 쇼 · 70
썩은 지팡이 · 71
자승자박 · 71
헛되고 헛되다 · 72
양극화 · 72
시나 쓰며 살겠다 · 73
사필귀정 · 73
쌩얼론 · 74
국가 브랜드 · 74
그릇이 작아서 · 75
발붙일 곳이 없다 · 75
예우타령 · 76
주연과 조연 · 76

호구지책 · 77
짱은 짱이다 · 77
뒷북 · 78
시누이 · 78
칠면조들 · 79
제 버릇 못 고치다 · 79
길 · 80
귀에 못이 박혀서 · 80
성벽 · 81
국민과의 전쟁 · 81
벽을 보고 말하다 · 82
불신시대 · 1 · 82
불신시대 · 2 · 83
불신시대 · 3 · 83
불신시대 · 4 · 84
미네르바 재판 · 84
검찰과 노 · 85
변신의 명수 · 85
무덤을 파다 · 86
놀고 있다 · 86
민생을 찾아서 · 87
누가 모르나? · 87
동문서답 · 88
낯 뜨겁다 · 88
미디어법 · 89
정치판 · 1 · 89
정치판 · 2 · 90
도덕 불감증 · 90
나로호 · 91
일본 · 91
아서라, 아소 · 92
세상인심 · 92
죽이고 살리고 언론 · 93
전직 대통령 · 93

만시지탄 · 94
10원이 10억이다 · 94
황강댐과 임진강 · 95
당신들의 파티 · 95
손해 볼 것 없는 북한 · 96
북한의 핑퐁작전 · 96
황강댐과 임진강 · 97
21세기는 반미의 세기로 · 97
서민 행보 · 1 · 98
서민 행보 · 2 · 98
도덕 불감증 · 99
미국과 북한 · 99
공사 중 · 1 · 100
공사 중 · 2 · 100
사람이 없다 · 1 · 101
사람이 없다 · 2 · 101
실종인구 · 1 · 102
실종인구 · 2 · 102
독식의 시대 · 1 · 103
독식의 시대 · 2 · 103
북한과 미국 · 104
미국의 세기는 끝나고 있다 · 104
내실부터 챙기시라 · 105
세계를 끌고 다니는 북 · 105
언제는 내놓고 했나 · 106
별꼴이야 · 106
아시아의 중심 · 107
자기나 투신하지 107

■ 시집평설

諷詩調의 다양한 시법 실천 / 박진환 · 110

골목대장

힘이 곧 질서이기는 동물이나 인간이나
내 말 듣지 않는 놈은 꿀밤에 왕따라며
혈맹이니 동맹이니 편 가르고 줄 세우고

독도 · 1

독도의 한국령 표기 삭제냐 부활이냐
부시가 부활이라 하니 지워졌던 이름 금방 살아났는데
무슨 꿍꿍이 장삿속인지 알 수가 없다

독도 · 2

미국 손에 놀아나는 독도의 지명표기
병 주고 약주고가 어제 오늘 일 아니었거니
믿지 마라 미국 조심해라 조선 경계해라 일제일본

올림픽과 8자

중국 올림픽 08년 8월 8일 8시 8분에 개막
우리도 8자타령 즐기는 편
이웃 사촌 아니랄까봐 팔자팔자 8자타령 좋아들 하네

이명박 게임

손자놈 게임기에서 이명박 이명박 한다
좋은 거냐 싫은 거냐 했더니 이명박 없애기란다
욕먹으면 오래 산다 했는데 오래 오래 사시겠네

불경기는 무슨

아무리 기름값이 높아도 해외여행이다 골프 관광이다
자가용은 커야 되고 에어컨은 기본이고 살맛나는 세상인데
불자 싫어하는 사람들만 불경기 불경 해싼다

촛불과 최루탄

촛불이 무섭긴 무서운 모양이다
최루탄에 고춧가루와 후춧가루까지 섞어 나오는 걸 보면
하지만 최루탄으로 이기는 건 물론 지는 것도 못 봤어

종교와 권력

신라는 불교가 망해먹고
조선은 유교가 망해먹었는데 지금은 뭐가 있더라
종교보다 쎈 권력이지

부시

일본과 밀월하고 북한과 데이트 하고
MB 손도 들어 주고 퇴임 전 선심이나 쓰자
자국에선 지는 핸데 여기선 뜨는 해 되고

최루탄

80년대 최루가스 세례에 눈물 콧물
목구멍까지 따갑고 후끈거리고 서럽고 분하고
그래서 악바리 되는 걸 높은 이들만 몰라요

MB · 하나

노와 반대로만 가면 다 잘될 줄 알았는데
외교통일, 경제 사회 나아가는 길 되레 뒷걸음질
노는 저을 수록 앞으로 가는 것을

MB · 둘

캠프 데이비드에서 잠을 자지 말았어야지
거기에 발목 잡혀서 쇠고기 시장 다 내어주고
소빼 댓가로 간도 쓸게도 다 내어주고 말았으니

불구경

꽁무니에 불 켜고 에어쇼라도 하는가
코스피 급강하에 환율은 치솟는 급등
모르는 게 약인걸, 신경끄면 되지

쇠고기 국정조사

전 정부 현 정부 협상팀 불러놓고
풍선 터뜨리기 놀이인가, 봉한 입들만 쳐다본다
말 한마디 잘못했다가 뻥하고 터지면 끝장

설거지론

설거지냐 선물이냐 핑퐁이 한창이다
좋은 일 같으면야 서로가 내가 했다 자청할텐데
구정물 안 뒤집어쓰려고 서로가 튀기고 있다

빗장

30개월이 문제다, 이하냐 이상이냐
노가 먼저 풀었냐, MB가 열었냐
언젠가 열더라도 버틸 때까지 버텼어야지

뼈대

뼈대 있는 우리라라에 뼈 수입이 웬 말인가
내장까지 수입이라니 조상님들 까무러치겠다
조상들만 까무러치면 좋게, 우리가 까무러칠 판이니

새우등

기름값이 떨어지면 달러 값이 올라가고
미국경제가 기침하면 세계경제가 몸살하고
트리플 폭락에 폭폭 새우등 터지는 소리

복음화

전 각료 복음화라니 언제부터 기독국가였나
믿는 건 누가 뭐라나, 마음으로 믿고 말고 자유인 것을
집무실에서 예배 보면 그 많은 교회 어찌 하나

7.4.7 구호는?

7.4.7. 4만불 시대 시퍼렇게 장담해 놓고
경제는 거꾸로 가고 민심은 떠나가니
지켜보는 시퍼렇게 살아있는 눈들 무섭지 않나요?

미분양 아파트

미분양 아파트들이 몇 십만 세대라는데
가난한 무주택자는 지붕 위 닭 쳐다보기니
지붕을 조금 낮추면 누이 좋고 매부 좋을 것을

법석떨기

북측의 Mr 김 뇌혈관 질환이라나 뭐라나
직통로는 막아 놓고 먼데로만 귀를 돌려서
궁금증 귀동냥 하다 이러쿵저러쿵 쓸데없이 말이 많다

촉진제와 억제제

가축은 성장촉진제 채소는 성장억제제
사람이야 병들건 말건 돈만 벌면 그만이니
성장촉진 · 성장억제 두 맘보 지닌 얼굴도 사람얼굴일까

귀동냥

한쪽 귀는 막아놓고 듣고 싶은 말만 듣는다
김정일 와병설에는 북장구를 쳐 대더니
어딘가 나타났다 하니 표정이 서운하다

최진실

죽기는 왜 죽냐 억척스레 살아야지
목숨을 내동댕이 칠만큼 중요한 게 뭐 있다고
진실이야 알 수 없지만 인생을 연극쯤으로 아는 건지

인터넷과 자살

죽지 못해 사는 사람들은 죽고 싶어도 못 죽는데
인터넷 떠도는 소문에 헌신짝 버리듯 목숨을 버리는 이들
진흙탕 뒤집어 써보는 것도 세상사는 재민데

부시 제꼴 못봐

미국의 추락, 지도자를 잘못 뽑았나
안으로나 다독거리지 바깥세상까지 한손에 넣겠다니
세상을 다 다스리려다가 망해가는 제꼴 못볼라

묻지 마 살인

눈 한번 마주쳤다고 사람을 찌르다니
죽어도 혼자는 못 죽겠다고, 세상이 다 적이라고
왕따에 돌아버린 똘아이 쥔 칼자루 누가 책임집니까

통일

원래는 한 몸이다가 갈라진 땅인데 한쪽은 자원
한쪽은 기술이니 솔로몬 같은 지도자 나타나 다시 합치면
자원·기술 밑천 삼아 실만할 나라 만들텐데

교회제국

하나님은 원래 공평한 분인데, 타 종교는 배척하니
편 가르기에 즐기는 부익부
이러다 교회 제국 탄생하지 않을지

제 닭 잡아먹기

우리가 너무 잘 사는가 북이 너무 못사는가
흥청거리며 산다고 행복한 것도 안닌데
봉사 제 닭 잡아먹는 것도 모르고 거들먹거리지나 않는지

식탁

중국산 식품들이 점령해 버린 식탁
먹을 게 없다고 아우성들인데
정작 우리 농촌은 수지가 안 맞아 농사를 못 짓겠단다

계산법

우리 농산물은 비싸서 도시 서민은 못 사먹고
농민들은 농사지어도 수지가 안 맞는다니
주판알도 도시민과 농민이 따로따로 굴린가 봐요

펀드

몇 십조가 펀드로 날아갔다는데
멍사도 모르는 서민들만 빅뱅에 휩쓸려 지옥행 될 판이니
이를 어찌하옵니까

환율

달러가 날마다 날개를 달고 고공행진이니
조기 유학이다, 도피성 유학 간 기러기 가족들
환율 쳐다보다 목 떨어지지 않을지

여야

남북 간 약속이다, 약속은 이미 무효다
무조건 반대로 가니
한국이란 배는 뒷걸음만 칠 밖에

깜짝쇼

막다른 골목에선 쥐도 고양이를 문다고
북 핵폭탄 쇼에는 덩치 큰 미국도 당황
쇼를 즐기는 것인데 불편한 심기가 그게 아니어서

역설

오바마냐 메케인이냐, 흑백대결에 나이 대결의 미국 대선
부시가 망쳐 놓은 경제가 역설로 오바마를 도왔으니
지옥까지 떨어져 봐야 정신들을 차릴건가, 쯧쯧

힘겨루기

퍼주기다, 달래기다, 힘겨루기 하는 동안
땅 속에 묻힌 자원들 대국이 넘보고 있다
남 주기는 아깝고 껴안기는 부담스런 계륵 북녘 땅

세계질서

미 최초 흑인 대통령 세계가 변하고 있다
북미관계도 변하는데, 직접대화로 풀자는데
한 치 앞도 못 내다보는 변하지 않는 것도 있으니

버락 오바마

버락이냐 벼락이냐, 세계가 놀라고 있다
집에서는 백인으로, 밖에서는 흑인으로
흑백도 모두 거쳤으니 공관(空觀) 진입이나 아닐지

오바마 · 1

천둥 벼락치기로 미 대통령이 되어
인종을 초월하여 기대를 한 몸에 받고 있는데
흑진주로 나타나서 검은 눈물 닦아 줄 수 있으려나

오바마 · 2

미 대통령 그 자리가 무섭긴 무서운가보다
당선 되자마자 세계의 정상들 줄 대려고 열을 서
전화통이 불나는 걸 보면 알아

오바마 · 3

벽을 허물고 변화의 다리를 놓았다
"인종과 계층과 세대를 초월하여 하나의 미국이 있을뿐이다"
아메리카 대륙을 울리고 웃기는 이 검은 거인의 리더십은?

오바마 · 4

피해자이면서 가해자까지 아울러 포용하는
스케일 큰 오바마의 리더십 연출
지금 감동의 드라마가 세계인 관객삼아 연출되고 있다

청개구리 부동산

올라가지 못하게 겹겹이 묶을 때는 천정부지로 올라가고
내려가지 못하게 실오라기까지 다 풀어주니
이게 웬일, 바닥까지 폴짝폴짝 내려가고 있다

애물단지 부동산

억 소리 나게 오를 때는 집 없는 서민들의 한숨소리
반 토막 나게 내려가니 땅 부자 강 부자
버블 세븐지역들의 들끓는 아우성소리

동병상련

지지율 20프로의 아소 일본 수상이나
50프로에서 20프로대로 곤두박질한 MB 대통령이나
만나서 니캉내캉 외로움 달래며 위로함이 어떨지

고별 정상회담

선진 20개국 정상회담에, 릴레이 개별 정상회담
고별 정상회담까지, 주고받는 그 미소들
돌아서면 몇 달러짜리냐로 재빠르게 바뀔걸

여의도 메들리

협의냐, 합의냐, 표결이냐, 직권상정이냐
결사저지냐, 고함과 난투, 언제부터 듣던 소리냐
귀 따가운 함성 70 80 노래방 메들리 소리

4대강 살리기

영산강에 배를 띄워 술마시며 즐기려는 어느 촌로의 꿈
어쩌나 꿈에서 꿈으로 끝나는 무릉도원인걸
세뇌는 북쪽에만 있는 줄 알았는데 남녘에도 있었네

구세주는?

예수가 태어난곳 이스라엘, 평화의 비둘기만 날 줄 알았는데
웬걸, 하루도 총소리 멎을 날 없으니
구세주는 언제 나타나십니까

그래도 역시 미국이다

힐러리에게 국무장관을, 주는 쪽이나 받는 쪽이나
목표는 하나인데 부럽다
서로 믿지 못해 전전긍긍하는 우리네 정치판에서 보면

휴대폰

참을 수 없는 이 가벼운 언어들과 문자들
가슴의 통로는 막히고 차디찬 기계만 분신으로 지니는
자기 부모보다도 더 소중히 여기는 세태가 문제

원정출산

출산율은 떨어지고 병원은 남아도는데
분만시설이 없는 농어촌은 원정출산 즐기니
출산 장려정책이 있긴 있는 것인가

지하벙커

전쟁이라도 터졌나, 청와대에 지하벙커라니
작전지시 한마디면 터지는 전쟁
국민 오그라들게 한 살벌한 용어

고시원

판검사 꿈꾸며 칩거한 공간 보금자리 삼고
절망과 희망 사이 넘나들며
누에고치처럼 웅크리고 사는 삶

부동산 불패신화 · 1

영국을 여섯 번이나 살 수 있다는 우리나라 부동산 값
밖에서는 뻔히 보이는데 부동산 불패 신화에 눈이 어두워
떠밀려 낭떠러지에 떨어진 눈 먼 투자자들

부동산 불패신화 · 2

이틀 밤을 꼬박 새워가며 줄서기로 당첨된 판교 아파트
로또당첨이라며 축하파티까지 열었으나
지금은 곤두박질로 떨어진 하락, 기분이 어떠신지

부동산 불패신화 · 3

욕망을 부추겼던 은행들의 공격적 대출이
가파른 고층 APT 난간 벼랑으로 사람들을 내 몰고 있다
급매로 집을 내 놓아도 보러 오는 사람이 없으니 떨어질밖에

부동산 불패신화 · 4

부동산이 움직이지 않으니
건설회사의 연쇄부도에 은행들은 껍데기만 남았어
함께 탄 욕망이라는 전차 탈선 직전이고

역 전세난

전세는 투기 수요가 없고 공급초과로 비어있는 신축아파트들
사는 집도 새로 지은 집도 들어올 사람이 없으니
이 사태 방치한 정부가 돈을 풀어 막을 수밖에

미네르바

경제의 길라잡이인가, 불순한 혹세무민인가
세상이 떠들썩하다 태평천하에서는 그냥 웃고 넘길 우스개를
난세는 난세인가보다 검찰이 벌집을 쑤셔 여왕벌 만들었으니

MB법

겹겹이 문을 잠가놓고 통과시키려던 MB법 막으려
문을 뜯고 들어간 야당들에 물대포에 소화기 세례
비싼 세비 받고 나라망신, 급할수록 돌아가랬지

한일 정상회담

우리 두 정상은 국제사회에서 손잡고 협력합시다
독도나 역사 왜곡 같은 국민정서는 일단 덮어놓고
대북 압박에는 척척 맞아 떨어지는 손발

전투는 이기고 전쟁은 진다

세계의 비난여론에도 끄떡 않고 시가전에 돌입한 이스라엘
국제적 비판엔 귀가 먹어버린 에고이스트들
중동에 이슬람이 동요하는 건 안보이나? 아니 보나?

지하 노래방 참사·1

성공적인 선박건조 축하하기 위한 회식자리 노래방이
8명 임직원들의 저승길이 되다니
폼페이도 아니고, 지하 노래방이 저승 가는 미로가 되다니

지하 노래방 참사·2

한 컷의 영화처럼 번쩍 지나가 버린 지하 노래방 화재사건
하도 많은 사건들이 뉴스를 장식하다 보니
슬픔과 경각심이 무용담으로 변해버린 한심한 이 작태

용산 철거민 참사사건 · 하나

겨울철엔 불법주택도 철거를 않겠다는 대통령 말씀에도
한겨울에 물대포까지 쏘며 시위대 몰아내다
6명이나 죽었으니 이것도 소신일지

용산 철거민 참사사건 · 둘

촛불시위를 잘 진압해서 승진, 경찰청장 후보까진 좋았는데
너무 자신감이 넘치셨던지 인명피해 났으니
어쩌나 통과해야 할 국회청문회

용산 철거민 참사사건 · 셋

서민을 돕겠다며 재래시장이나 시찰하시던 높은 분들
겨울철 철거민촌에는 못가는 걸까, 안가시는 걸까
하긴 측근들에 둘러싸였으니 절벽 아래가 보이겠습니까

용산 철거민 참사사건 · 넷

소신껏 일하다 실수하는 건 봐주겠다는 높은 분 말씀에
소신이 지나쳐서 특수부대까지 투입 빚어진 참사
그러길래 지나친 건 부족함만 못하다 했나요?

촛불재판

윗선만 바라보다가 아랫선을 잘못 건드리셨나
세대가 바뀌면 사고도 바뀐다는 걸 아직도 몰랐다니
꼴통소리 들어도 싸다 싸

전쟁연습

우리 집 안마당에서 전쟁연습이 한창이다
팀스피리트냐, 키 리졸브냐, 대포동 2호냐
불꽃놀이 벌여놓고 우리는 구경만 하고 있으라니

수신제가부터 하시죠

수신제가라 했던가
집안도 제대로 못 다스리면서
어찌 나라를 다스리랴

닭 쫓던 뭐 꼴이니

미사일인지 우주선인지
선전에는 성공한 셈
한, 미, 일 공조면 뭘해, 닭 쫓던 뭐 꼴 못면했으니

야구를 배우시라

덩치도 두 배나 크고 연봉도 40배나 많은
남미의 베네수엘라를 스타선수도 없이 이겼으니
팀웍이란 이런 것, 높은 분들 좀 배우시죠

눈 가리고

정부는 대책만 줄줄이 발표하고
은행은 돈을 풀지 않아, 손발 다른 엇박자
날마다 쓰러지는 중소기업 앞에 하고도 눈가리고 아웅입니까

관객의 눈

국회가 온통 야바위통이다, 눈 깜짝할 사이에 법률이 바뀌고
장면이 바뀌고, 요지경인데 표정관리만 잘하면 되나
이거 왜 이러셔, 평결은 관객이 하는 것을

북쪽의 방귀소리

대포동 미사일인가, 광명성 2호 인공위성인가
북에서 방귀만 뀌어도 호떡집 불난 것처럼 야단법석인데
우리 언론들 뭐가 좋다고 맞장구

명배우교습소

국회의장님 정말 명배우다우십니다
안색도 안 바뀐 채 연막 치고 클라이맥스를 연출하시다니
하기야 여의도에서 그것 말고 뭘 배우겠습니까

솔로몬의 지혜

파국을 막기 위해 한발 물러섰다는 야당
절벽으로 밀어붙이며 협박하는 거대여당
솔로몬의 눈들이 반짝이는 건 안 보이십니까?

두다버버

여당이 날치기 했으니 야당은 의장석 점령
연막작전에 연기 작전, 코미디가 따로 없네
뒤집기 한판씩이니 승부는 무승부

112 초고층빌딩

항로를 변경하면 문제가 없다는 공군사령탑
군용항로도 돈으로 살 수 있나봐요?
재벌공화국이라는 오명 실명이 되었으니

백악관

한 세기 전 흑인 노예들이 피땀 흘려 이루어 놓은 백악관
드디어 흑인 대통령 입성했으니 제자리 찾은 셈
사필귀정 미국의 경우는 이러하거니와 우리의 처지는

재개발

원주민은 다 쫓아내고 평수는 늘리고 소득이 안정된 재개발
업자들 배불리고, 지방청은 세금 걷어 좋은 일석이조
당신들의 천국 이뤘으니 축하합니다

김정일

가로막힌 장벽 열릴 때마다
스크린 삼아 나타나는 부자 스타 김정일과 정은
스타는 스타인가봐, 영상 잘 받는걸 보면

조국론

남과 북이 여와 야가 다 같이 조국을 위해서란다
자기만 애국자고 상대는 매국노란 말인가
전체를 아우를 지도자는 언제 나오시려나?

북한과 우주선

꽁꽁 묶어 놓으려던 소인국에서 미사일, 우주선을 쏜다고
설마 하다가 뒤통수를 맞은 어지럼증에
멀미하는 남녘의 구토증

탤런트의 자살소동

스타 탤런트들이 한 번씩 자살소동을 일으키고 나면
바글바글 끓는 세상은 요지경 속
은막 뒤의 세상이 또한 그러한 것을

한일 야구

앞으로 30년간 우리를 못 이기게 하겠다는
오만한 일본선수 이치로
높은 콧대를 납작하게 꺾였으니 이제 한 수 배웠겠구먼

북한 돈

허가 없이 북한과 접촉만 해도 잡아가는 판에
누구는 북한 돈을 들여다 뿌리고 무사하니
잡아들이는 법 따로, 눈 감아 주는 법 따로 인가요

보복수사

검거에 수사에 구속에 살벌한 뉴스뿐이다
삼족을 멸하던 정변이라도 일어났나?
오늘을 살면서 과거버릇 못 버리는 멍청이 세상

제2 롯데월드

초고층 빌딩으로 인한 항로의 변경은 세계에서 없는 일
없는 일 있게 하는게 코리언
만에 하나 잘못되면 역사의 책임은 누가 지나요?

화합은 언제?

역사는 반복되는가, 반복의 칼날에 목 잘리고 나면
세상은 살아남은 자의 것, 그러나 역사는 다시 반복되는 것
남은 자의 차례는 죽음이지

조족지혈

차 떼기에 사과박스에 다 해 먹고 나서
누가 누구를 잡는다고, 털어서 먼지 안 나는 사람있으면
나와봐, 어떤 위인인지

언론플레이

언론은 춤추고 검찰은 장구치고 정치권은 북치고
얼씨구, 삼박자 잘맞네
한국식 씻김굿 한판

김연아

야구 승리와 김연아 우승이 나라를 떠받들고 있다
"국운 상승기"라는 말이 또 나오겠지
높은 분들 정치에 이용하는 건 사양합니다

북에 잡힌 미국 기자들

북한이 미국기자들을 억류했다, 함정에 빠진 호랑이 꼴
거기가 어디라고 발을 들여놓아
어쨌든 재미있는 게임이 안 되겠나

박연차 저승사자

못 사는 사람들에게나 베풀었으면
평생 고맙다는 말을 들었을 걸
억 소리 나는 돈 뿌리고도 바가지로 욕은 욕대로 먹었으니

형님정치

결국은 형님이 문제, 전직 대통령이나 현직 대통령이나
끼어들 때 안 끼어들 때 다 끼어들어서 말썽만 일으키는
형님들이 문제인데 그나마 다행인건 동생들 안 끼어서

웃기는 토요일

진짜 진짜 웃긴다, 4월 4일은 만우절도 아닌데
전세계가 숨죽이며 북녘 무수단지만 쳐다보고 있다가 허탕
허나 깨소금보다 고소해할 사람 있으니 김선생

벼랑 끝 전술

다윗과 골리앗의 싸움, 거인이 꼼짝 못한 채 당하고 있어
국제공조니 유엔 결의안이니 해봤자 종이호랑이
벼랑 끝에서 물러서는 건 초강대국이거든

일본의 과민반응

서슬 시퍼렇게 북한 미사일 반대 깃발 든것까진 좋았는데
너무 과민해서 헛것이 보였나, 쏘지도 않은 미사일을 봤다니
그래가지고 어찌 요격을 하겠다고

철부지도 아니고

미꾸라지 한 마리가 온 개울을 흐린다 했던가
핵 개발에 우주선까지 가지고 푸른 하늘 더럽히니
잡을 수도 없고 놓을 수도 없는 애물단지 북쪽

사후 약방문

미사일 발사 연기에 외교부, 통일부, 청와대는 후속비상회의
의연하고 당당하게 말은 그럴 듯 한데
말려들어간 발목 못 뽑는 꼴이어서

진실게임

우주에도 진실게임이 있나? 미사일이냐, 우주선이냐
궤도진입에 성공했나, 실패했나, 007작전이 한창이다
제임스 본드도 모르는 연막

성 상납이라니

성 상납이니 성 접대니 하는 말들이 언론을 장식하고 있다
상납 받은 높은 분들
얼굴 붉힐 줄 모르니 그게 더 딱해서

청와대 · 1

청와대는 터가 세긴 센 모양인가, 들어갔다 나오면
모두 법정 신세니 뭐가 씌어도 단단히 씌웠음인듯 싶은데
그래도 들어가겠다고 사생결단 기를 쓰니

청와대 · 2

이번엔 무사히 넘어갈까 했더니 역시나다
귀향과 동시에 검찰청 신세
이 악순환 막을 길은 정녕 없는 것인지

국제 무기 게임

죽이는 게임밖에 없는 컴퓨터게임 곁눈질하다
살리는 게임은 없냐 했더니 아군만 살리면 된단다
이게 다 무기 팔아먹는 놈들 때문이라니까

노무현의 고백

잘못은 잘못이다, 이제 전직 대통령인 나도 고백을 했으니
현 권력뒤에 숨어있는 모든 불법자금 먹은 자들 손들고 나오라
깨끗한 사람 누가 있나, 그 승부사 기질이 도지고 있다

이현령 비현령 검찰·1

한쪽은 부풀리고 한쪽은 숨기고
한쪽은 뿌리까지 파헤치고 한쪽은 머리카락 보일라 덮어주고
높은곳하고만 연결되고, 낮은곳하고는 연끊는것이 한국의 검찰

이현령비현령 검찰·2

확인안된 정보를 퍼뜨렸다고 미네르바는 구속해 놓고
확인된 정보는 정작 눈 감아버리는
이현령비현령의 한국 검찰

노무현 · 1

국민을 실망시킨 죄 엄벌해 마땅하지만 국민이 화가 나는 건
똥 묻은 뭐가 재묻은 뭐 나무란 꼴이라니
꼴자만 들어가면 꼴불견 못 면하는 꼬리아

정치 쇼

장자연 쪽은 보지 말고 노무현 쪽을 보세요
세상 눈 돌리기 최상의 쇼
허기사 코리언들 워낙 쇼를 좋아해서

썩은 지팡이

고양이에게 생선가겔 맡기셨나, 안마시술소니 성 매매업소니
구린내 나는데는 예외없이 경찰이 입맛을 다시고 있으니
똥 즐겨 먹는 것이 뭐더라

자승지박

요는 성급한 발표가 문제, 다주택 소유자
양도세 없앤다고 발표부터 해 놓고 결론은 유보
생색내려다가 자승자박한 꼬락서니라서

헛되고 헛되다

비닐하우스와 쪽방촌에 불나서 타 죽은 세 분 할아버지들
힘없는 사람은 사고로 죽어도 보상 전무
낮은 곳으로 임한다는 하나님 말씀은 허사가 아닐는지

양극화

빚을 갚지 못해서 성매매업소에 뛰어든 딸과
치욕을 참지 못해서 딸을 죽이고 자살한 아버지와
이것이 경제대국 대한민국의 현실, 맞습니까?

시나 쓰며 살겠다

고향에 내려가서 시나 쓰며 살겠다던 전직대통령
시나 쓰며 살았으면 아무 일 없을 걸
뮤즈가 외면했든지, 뮤즈를 외면했든지 시로 살지 못해서

사필귀정

탄핵정국에서 한번 싹쓸이 당하고, 촛불민심에도 외면하던
한나라당
이번 재보선에서도 진 사필귀정이란 말 연수과목 됐으면

쌩얼론

화장으로 감춰진 참여정부 추악한 쌩얼 보여주겠다
여당 대변인 으름짱에 그 쪽도 쌩얼을 보여주라는 응수 왈
그간 뒤집어쓴 오물이 얼만데 까불고 있어

국가 브랜드

민노총의 폭력시위가 국가 브랜드를 떨어뜨린다는데
경찰의 폭력진압은 국가 브랜드를 높여주는 것인지
대통령의 지엄하신 말씀에 고개만 갸우뚱

그릇이 작아서

전정권비리파헤쳐서 일등공신되려자리보전에 급급한검찰나리들
위나 아래나 그릇이 그 정도밖에 안되니
쪽박 깨뜨리고 물바가지 뒤집어쓸밖에 쯧쯧쯧

발붙일 곳이 없다

고향에서 화포천도 살리고 오리농사나 짓겠다는데
그것도 미움돼서 갖은허물을 씌워 물고뜯어야만 직성이 풀리는
그런 집단 중앙에 버티고 있으니 발붙일 곳 어디이나이까

예우타령

전직대통령 예우에 소홀함이 없도록 하라
귀에 익은 말씀은 비단 같은데 실천은 좀 뭣해서
거시하기가 그지없이 거시기하다

주연과 조연

피날레에다 클라이맥스를 동시 연출하니 주연은 주연이다
봉하산에 올라가 몸 던진 완벽한 연출
그보다 더 완성된 시나리오가 또 있던가

호구지책

촛불에 놀란 가슴 꽃을 보고도 놀라나요?
마지못해 막는 쪽 분향소 앞에 하고도 제대로 조의 못하니
죄 될 수 없음이지요

짱은 짱이다

노짱님, 정말 짱은 짱이십니다, 일거에 사태를 반전
아무나 할 수 있는 연출 아니지요
생사를 넘어선 곳에서나 이뤄지는 명장면

뒷북

북에서 핵실험하겠다고 예고를 했는데도 가만히 있다가
핵실험 발표 하고나니 난리법석이다
육자회담이면 뭘 하고 국제공조면 뭘 해 이미터진 걸

시누이

때리는 서방보다 말리는 시누이가 더 밉다는 속담 알것 같다
예우에 소홀함이 없도록 하라, 말로는 뻔질나게 하면서
어째서 귀와는 달리 눈엔 핏대서나요

칠면조들

갖은 악담 비난 퍼붓던 인사들이 손바닥뒤집듯 얼굴을 바꾸고
몇 십 년 전 사진까지 들고 나와서 친밀도를 과시하니
노무현 사후의 이반되는 민심을 알긴 아나 보네

제 버릇 못 고치다

현 정부의 고위관리나 여당의 높은 분들 수행원 줄줄이 거느리고
거기에다 경찰의 호위까지 받으며 조문 행렬
걸어와도 시원찮을 판에, 차를 타고 오다니 계란세례 받아도 싸지

길

죽어서 사는 길이 여기에 있었네요
정의와 함께 역사도 일으켜 세우는 삶
생전에 따뜻한 손 한번 못 잡아본 아쉬움의 빈손입니다

귀에 못이 박혀서

핵이란 놈이 경천동지할 만큼 무서운 놈인데
핵개발, 핵실험 귀에 못이 박히게 들어 싸서 덤덤하기만 하다
워치콘 격상이라니 또 무슨 신종어? 장난도 아니고

성벽

세종로를 차단하던 컨테이너 명박산성이 이제는 시청앞 만리장성
짱꼴라전도 아니고 흉노적 방어도 아닌데
산성은 쌓아서 무엇에 쓰려는지

국민과의 전쟁

뭉치면살고 흩어지면죽는다 했는데 사람만 모이면 강제해산
아무래도 군중수보다 경찰수가 더 많으니
그것도 뭉치는 것일까, 뭉쳐사는 일 될까

벽을 보고 말하다

경찰로 겹겹이 막아놓지 않고는 마음이 안 놓이는 MB벽
마주서서 문제를 풀 생각은 않고 벽을 쌓고 있으니
벽 뒤에서 무슨 말을 한들 가슴에 다가오나요?

불신시대 · 1

장자연과 노무현은 연관성이 전무
헌데 왜 연관설이 떠돌고 있을까
꼬리에 꼬리를 무는 의문 검찰은 알고 있을까

불신시대 · 2

자전거 천국 대통령 한 말씀에 자전거 관련 주식 폭등
폭등하면 뭘하나 그림에 떡인 걸
설혹 자전거 있다 해도 신명나게 달릴 길이 없는데

불신시대 · 3

의연하고 당당하게는 MB정부의 전매특허입니까?
PSI는 가입하겠다고 큰소리 쳐 놓고 눈치보고 저울질하는
의연하고 당당하지 못한 것 또한 전매특허 아닐지

불신시대 · 4

노씨를 끌어 내린다고 이씨가 올라가는 것도 아닌데
마녀 사냥식 언론몰이 앞세우고 벌이는 시소게임
어느 돌에 누가 걸려 넘어질지 두고 봐야 아는데

미네르바 재판

법리 해석에 오해가 있어 항소하겠다
미네르바를 석방한 재판부에 검찰의 반박이다
무리수 두는 쪽 뻔히 보이는데 정작 당사자는 몰라

검찰과 노

칼을 빼어 들었으니 치긴 쳐야 겠는데 방패가 만만치 않으니
전가의 보도가 금이 가지 않을까 조마조마 하기만
세상의 눈들이 숨죽여 지켜보고 있으니 진땀께나 빼겠는걸

변신의 명수

내 이럴 줄 알았다니까, 서슬이 시퍼렇던 군사정권시절에
공영방송 뉴스 앵커로 편파방송을 일삼더니
출세를 하셨는지 끝내는 의사봉 휘두르며 직권상정 앞잡이까지

무덤을 파다

뭐 그리 죽고 사는 법이라고 경위들 호위 받으며
인의 장막을 치고, 자살골을 넣습니까?
거대여당이 뭐가 단단히 씌운 모양, 서둘러무덤을 파고있는걸보면

놀고 있다

북미 입씨름, 힐러리 국무장관이 김정일을 못된 꼬마 취급
북측에선 힐러리를 초등학교 여학생이라 되받고
말하는 뻔새들을 봐하니 초등학생 수준이 맞긴 맞네

민생을 찾아서

민생은 옆에 두고 민생을 찾아 떠나는 여당 대표님
쌍용차 데모 가족 찾아와 물과 음식이라도 넣게 해달라는데
울부짖음 뒤로하고 뒷문으로 도망갑니까?

누가 모르나?

자전거가 공해 없고 돈 안들고 운동되는 걸 누가 모르나요?
자동차 사고는 17% 줄고, 자전거 사고는 45% 늘었다는데
사고대책도 없이 자전거 타기 캠페인만 벌여 뭐합니까?

동문서답

대형마트가 들어와 재래시장이 다 죽는다는 시장상인들 말에
인터넷직거래하면 농촌 좋고 물건도 싸고 안좋겠냐는 나랏님말씀
허면 시장상인들은 뭘 먹고 사나요?

낯 뜨겁다

직권 상정, 경위권 발동, 대리투표, 정족수 부족
재투표, 꽁무니에 불붙듯이 몇분 만에 자기들끼리 해치우고서
국무회의 상정, 통과됐다고 우기시니 보는 사람도 낯 뜨겁다

미디어법

국회의장님은 무대 뒤에서 휴대폰으로 지시하고
부의장과 의사국장이 후다닥 미디어법을 통과시켰는데
진짜 조종하는 이 그 위에 있었으니, 시치미는 왜 떼십니까?

정치판 · 1

우르르 의사당에 몰아넣고는 한판의 토론 같은 것도 없이
찬성표만 찍으라하니 꿀꿀꿀 우왕좌왕 동물원도 아니고
대리투표까지 하고나서 민생을 챙기러 간다나, 허참

정치판 · 2

우리나라 정치가 이만큼 상식 이하일 줄은 몰랐네요
살 길이 그것 밖에 없는 소수야당이야 그렇다 치고
어찌됐건 세계 토픽 쇼 연출 책임은 거대여당의 책임

도덕 불감증

자녀들 교육을 위해 위장이사 한두 번이 뭐 그리 대수냐고
그쪽은 위장이사에 편법투기 같은 것쯤은 기본인 모양인데
검찰총장 후보님들 정부여당지도층 인사들 그게 아니거든요

나로호

미숙아로 태어나서 우주의 미아가 된 나로호
북한의 원산 2호와 같은 운명이 되었네
남북이 힘을 합쳤으면 옥동자가 태어났을 법 한데

일본

일본이 바뀌고 있다 그것도 반세기 만에, 그러면 그렇지
물이 고이면 썩는다 했으니 얼마나 숨 막혔을까
아무리 고삐를 잡아도 시대는 나아가게 마련인 걸

아서라, 아소

미국 등에 업고 기득권 지키겠다고 용쓰는 모습 처량터니
아서라, 아소 진작에 비켜 주었어야지
무명의 젊은 정객들에게 덜미 잡혀 얼굴 붉히기 전에

세상인심

인심 한번 야박하다, 50년 만에 정권 교체한 일본 민주당에
한 때 밀월 즐기던 아소 총리가 보는 앞에서 미일동맹이니
한일협력이니 하며 내미는 손 부끄럽지 않소?

죽이고 살리고 언론

김정일이 죽는날 잡아놓았다며 세습후계자 김정은 근황보도
클린턴이 김위원장 만나 건강 확인되자
아이고 뜨거워라 입 봉한 세계 언론들

전직 대통령

미국이 번영하는 것은 전직 대통령들 때문일 거야
세계평화를 위해 발로 뛰는, 카터와 클린턴 봐
우린 특사 보낼만한 전직대통령도 없거니와 평화는구호뿐이어서

만시지탄

전직 대통령이 두 사람씩이나 죽고나서야 뭔가가 좀 보이시나?
조문정국을 보고서야 소통이라는 커다란 물꼬가 보이시나
둑이무너지면 사람이다친다는걸 왜모르시나? 그러기전에트셔야지

10원이 10억이다

천성산도룡농 지킴이 지율스님이 조선일보 상대로 소송제기
일부지만 승소하고 위로금으로 받는
재벌신문 콧대 납작하게 만든 단돈 10원

황강댐과 임진강

평화의 댐 만든다고 법석 떨 때는 언제이고
황강댐 방류에 꼼짝 없이 당하고서야 정신 드는지 또 법석
법석 떨면 뭘하나, 구멍뚫린 허술한 경계는 그대론데

당신들의 파티

시중에 돈이 풀려 유동자금 몇 십조가 집값을 끌어 올리고
무주택 서민들은 닭 쫓던 개꼴로 지붕만 쳐다보는 수밖에
말잔치, 돈 잔치로 서민대책 성찬 차린 당신들의 파티

손해 볼 것 없는 북한

플루토늄 무기화니 우라늄 농축이니로 북녘 다시 들썩
주고받는 것도 지쳤는지 미국은 침묵
입씨름 해봤자 무소득, 쓰다듬고 달래는 수밖에

북한의 핑퐁작전

누르면 더욱 튀어 오르는 용수철처럼 북한이 튀고 있다
안보리가 누르면 누른만큼 용수철 대응
말하면 바로 실행하는 북한, 미국고민도 여기에 있지

황강댐과 임진강

그 많은 대북경계훈련이나 대북 재제 법령들 허사로 밝혀져
황강댐 방류하면 임진강물이 불어나는 건 예고된 일인데도
네탓으로 서로 떠넘겨 책임지는 이 없으니 구호만 요란할 뿐

21세기는 반미의 세기로

20C는 미국의 세계였고, 21C는 반미가 세계의 흐름이라나?
미국이 911테러 덕에 애국심을 부추켜 세계가 우경됐지만
군사력만 강했지 세계를 승복시킬 소프트 파워가 보족해서

서민 행보 · 1

요즘 정부 여당에서 서민행보라는 말이 유행하는 모양인데
웃기지 않나요? 그동안 얼마나 서민과 멀리 했기에
새삼스레 서민을 위한다고 캠페인 성 행사입니까?

서민 행보 · 2

재벌 여당 대표에다 강부자 내각에다 위장이사 몇 번쯤은
이미 놀랄 일도 아닌 상식, 그러고도 서민 행보라니
서민은 누구의 손바닥 안에 있습니까?

도덕 불감증

위장이사, 세금 탈루, 재산축소신고에 부동산투기까지
골고루 잘 해먹고도 부족해서 장관, 총리까지 해먹겠다고요?
그러고도 양극화를 해소하겠다니 소가 웃겠네요

미국과 북한

미국만 바라보고 미국만 쳐다보다가 미국과 북이 손잡으니
한편으로 물러난 게 우리 정부 입장
변두리로 밀려나서 굿이나 보고 떡이나 얻어먹는 꼴이라니

공사 중 · 1

길이란 길은 뜯지 않은 곳이 없이 서울의 모든 길은 다 공사 중
지원 받은 예산을 다 쓰지 않으면 다음해 예산 그만큼 삭감
해마다 이 모양이니 나라에 주인이 있나 없나

공사 중 · 2

뜯고 고치고, 고치고 뜯고 서울시내 도로는 발디딜 곳이 없다
나라 빚이 얼마인데 제돈 아니라고 막 갖다 쏟아 부으니
돈이 말할 줄 안다면 뭐라고 할까

사람이 없다 · 1

위장이사 몇 번씩 다닌 사람 빼고 나면 MB 쪽에 사람 없어
위에서 아래까지 그게 실정법 위반이라는 개념조차 전무
불법 편법 다 동원해 소유하는 게 뭐가 잘못 됐나요?

사람이 없다 · 2

깨끗한 사람 있으면 손들고 나와 보시오, 장관 시켜 줄 테니
눈 씻고 봐도 없다, 위장이사 몇 번에
부동산 투기 한두 번쯤은 애교에 속한다나요?

실종인구 · 1

하루에 실종 164명 그 중 14살 이상, 65세 이하는 가출로 처리
영구미제로 남은 게 60프로라니
제 식구 제가 챙기지 않으면 없어져도 원망도 할 곳이 없다

실종인구 · 2

그 많은 경찰과 그 많은 CCTV에도 실종사건이 그치질 않아
인구비례 일본의 배가 되고 해마다 증가추세라니
힘없는 서민들은 불안해서 지레 죽게 생겼습니다

독식의 시대 · 1

명예와 부를 이루기 위해 불법 탈법 다 저지른 사람들이
권력까지 움켜쥐려고 탐욕을 부리니 양손에 칼을 든 꼴
그 등살에 서민들만 피 흘리고

독식의 시대 · 2

부와 명예와 권력은 삼위일체인가
세발자전거처럼 그 중 하나만 빠져도 넘어져 코가 깨져
깨지건 말건 부나비처럼 달려드는 무리들

북한과 미국

미 북이 허니문 관계라는데 결국 그렇게 될 줄 알았다니까
엄포만 요란하다가 물러서는 건 늘 미국이지
미국이 그 꼴이고 일본도 딴 생각이니 우리만 공중에 뜬 셈

미국의 세기는 끝나고 있다

미국의 독주 종언, 미국과 중국이 동등하게 G2
중국, 인도, 브라질, 캐나다를 묶은 브릭스가
미국의 독주를 막고 있어 세계의 중심이 바뀌고 있다

내실부터 챙기시라

정작 골치 아픈 국내통로는 동서남북으로 다 막아 놓고
구름 위에서 정칠 하시나? 밖으로만 국빌 펑펑 쓰고
그 비용과 관심을 안으로 써 보심이 어떨지

세계를 끌고 다니는 북

세계를 움직이는 건 미국이 아니고 북한이다
강남호 미행하는 미구축함과 위성과 세계의 시선을 보라
미운 오리새끼 북측이 세계를 끌고 다닌다

언제는 내놓고 했나

한일의원연맹 회장과 상임위와 지역구만 빼놓고 다 내놓겠다
형님정치의 중심에 있는 대통령 형님 의원의 말씀
언제는 내놓고 했나? 보이지 않는 검은 힘이 문제지

별꼴이야

보다보다 별꼴 다 보겠네, 자기편 아니고 눈에 거슬리는
야권 인사들을 물어뜯고 찢어발기는 권력이 누군데
야당을 하이에나라니 여당사무총장님 눈은 바로 박히셨나요?

아시아의 중심

아시아의 중심이 일본에서 중국으로 움직이고 있다
일본이 미국을 믿고 아무리 호들갑을 떨어도 중국이 노하면
유엔결의안도 힘을 못쓰는 것을 봐

자기나 투신하지

노벨평화상을 타신 전직대통령에게 맘에안든다고 투신자살하라니
한때 재벌정치에 몸담았던 원로교수님
혹시 치매끼는 아니십니까, 세상 싫으면 자기나 투신하지

■ 시집평설

諷詩調의 다양한 시법 실천

박진환 (문학평론가 · 文博)

諷詩調의 다양한 시법 실천

박진환(문학평론가 · 文博)

1. 전제

諷詩調는 뚜렷한 몇 개의 시법에서 시를 출발시킨다. 그 때문에 단순한 풍자나 풍자시가 특성으로 하고 있는 현실이나 시대적 모순, 비리, 부조리, 악행과 같은 부정적 요소들을 비웃고, 깎아내리고, 헐뜯고, 비판 · 고발하는 공격성을 전진 배치하는 것과는 달리 문화적 징벌로써 이를 시정하거나 개선하고자 하는 레토릭에 의존한다.

여기에서 문화적 징벌이란 법적 제재나 물리적 힘에 의한 징벌이 아니라 시를 통한 순수한 痛懲의 감행을 의미한다. 이는 달리 풍시조의 본질이 통징이라는 것을 말해줌과 함께 풍시조가 순수한 통징의 미학이라는 것을 의미하기도 한다.

주지하시다시피 통징이란 일종의 징벌이자 엄벌이다. 징벌이란 옳지 못한 행동에 대하여 법적 제재를 가하는 것을 의미하고 엄벌은 엄중하게 벌을 주는 것을 의미한다. 이 둘은 표현은 각기 달라도 죄를 지은 사람에게 괴로움을 주어서 징계하고 억누르는 형벌이란 점에서는 같은 법적 제재가 되는 벌에서는 일치하게 된다. 그 때문에 벌은 그것이 법적이거나 물리적이거나 다같이 괴로움을 주는 징계가 되게 된다.

이와는 달리 풍시조가 그 미학의 본질로 하고 있는 순수한 통징은 벌이나 물리적인 힘이 아닌 문화적 방법, 즉 시를 통해 잘못을 깨닫게 하고 깨닫게 하여 스스로를 즐거움 곧 감동을 체험하게 함으로써 카타르시스하게 하는 그런 예술적 징벌이라는 점에서 엄벌이나 엄징 따위의 형벌과는 그 개념은 물론 차원을 달리하게 된다.

문제는 고통을 주는 형벌을 즐거움을 주어 카타르시스를 체험하게 하는 대체수단의 기술에 있다는 점이다. 여기에서 기술이란 일종의 시적 레토릭을 의미한다. 레토릭이란 말이나 글을 다듬고 꾸며서 보다 아름답고 정연하게 하여 읽는 이로 하여금 즐거움을 체험하게 하려는 일종의 언어를 다루는 기술을 의미한다.

언어예술을 대표하는 것 중의 하나인 시는 그래서 언어를 다루는 기술에 의존하게 되고, 더구나 언어의 축약경영이란 점에서 고도의 기술을 요구하게 된다. 시를 언술이라고도 하고 수작이라고도 하는 것은 그 때문이다.

풍시조의 경우도 예외는 아니다. 풍시조도 언어를 다루는 시이기 때문이고, 더구나 3행이라고 하는 고도의 압축된 형식을 통한 통징의 감행이기 때문에 더욱 고도의 언어의 축약 경영을 요구하게 된다. 여기에서 고도의 언어경영이란 메타포, 아이러니, 펀 , 골계, 유머와 같은 언술과 함께 징벌에 값하는 신랄미나 조롱, 우스개, 새침데기와 같은 해학적 요소까지를 가미하는 언술과 함께 수작도 곁들이게 된다.

이런 경우는 잘못을 저지른 애들을 앞에 하고 죽일 놈, 살릴 놈 따위의 공격성 징벌로 일관하는 것과는 달리 "아주 훌륭한 일을 했더구나"라고 짐짓 돌려서 꾸짖음으로써 잘못을 깨닫게 하고, 깨달아 부끄러움과 수치심을 유발하게 하여 경각심을 불러 일으켜 잘못을 뉘우치게 하는 효과를 거두는 경우와 같게 된다. 이것이 언술이자 언어로써 감행하는 곧 레토릭이다.

풍시조에 유독 펀을 즐겨 쓰고, 익살과 골계, 조롱, 우스개, 시침떼기 같은 것을 즐겨 동원하거나 삽입하는 것은 바로 고통이 아닌 감동으로 카타르시스를 체험하게 하려는 문화적 수단인 순수한 통징의 시적 효용을 극대화하기 위한 일종의 레토릭 동원을 중시하는 결과라고 할 수 있다.

그 뿐만이 아니다. 3행이라는 짧은 형태 속에 많은 내용들을 담아내기 위해서는 고도의 언어비약과 재빠른 순발력의 전환이나 이동을 요구하게 된다. 여기에서 순발력으로서의 위트나 위트를 이끌어내는 상상력의 상보적 역할에 의해서만 이끌어 낼 수 있는 컨시트가 필수적 역할을 하게 된다. 풍시조에 빈번하게 동원되고 있는 컨시트는 이 때문이고, 컨시트를 시법으로 중시하는 것도 이 때문이다.

여기에다 서로 상반이나 상극의 대립적 두 요소를 상충시켜 대립과 갈등을 고조시켜 긴장이나 초조 따위를 극대화시켰다가 이를 화해로운 관계로 합일시킴으로써 시적 효과를 극대화하는 양극화나 이 양극화를 결합시키는 마술적 힘으로서의 컨시트도 빼어놓을 수 없는 풍시조의 시법 중의 하나다. 그리고 이상의 시법들은 고스란히 형이상시법과 맥락을 같이 하고 있는데 풍시조가 형이상시와 본질을 같이 하게 되는 소의 또한 이 때문이다.

이러한 전제는 임유행 시인이 상재한 풍시조집 『풍시조로 세상 때리기』를 조명하는데 필요한 시법들을 선행시킴으로써 이해를 돕고자 함은 물론, 이 시집에 즐겨 구사되고 있는 시법 또한 전제한 형이상 시법과 같은 맥락에서 이루어지고 있기 때문이다.

시집으로 돌아가 보자.

2. 『풍시조로 세상 때리기』의 여러 시법

풍시조집 『풍시조로 세상 때리기』에 즐겨 동원된 시법은 다양하다. 그 중에서도 돋보이는 몇가지를 제시하면 첫째 '순수한 痛懲'의 감행', 둘째 양극화와 양극화의 합일을 이끌어내는 컨시트, 그리고 아이러니, 펀, 비아냥 같은 풍자적 요소들이 아닌가 싶다. 그리고 이러한 시법들을 동원, 시집 『풍시조로 세상 때리기』를 조명했을 때 이 시집의 미학적 이모저모는 그 본태를 드러낼 것으로 본다.

2-1 순수한 痛懲의 감행

전제에서도 밝혔듯이 '순수한 痛懲'이란 시적으로 감행한 일종의 카타르시스의 체험 쯤이 되게 된다. 갖가지 현실적 부정이나 부패, 악행을 비롯해 시대적 비리나 부조리를 대상으로 감행한 '순수한 痛懲'은 그 양태가 매우 신랄하다. 그러면서도 공격일변도가 아닌 비아냥, 우스개, 골계와 같은 요소들은 행간에 가미함으로써 의도적으로 공격성의 신랄미를 희석시켜 이를 둔화시킨다. 그리고는 비판이나 고발성에서 감화나 자각적 깨달음을 일깨워 아픔과 즐거움을 동시에 체험하게 함으로써 감동의 진폭을 확장시키는 시적 효용으로 작용하게 한다. 몇 편의 예시는 이해를 도울 것으로 여겨진다.

가) 영산강에 배를 띄워 술마시며 즐기려는 어느 촌로의 꿈
어쩌나 꿈에서 꿈으로 끝나는 무릉도원인 걸
세뇌는 북쪽에만 있는 줄 알았는데 남녘에도 있었네

나) 시중에 돈이 풀려 유동자금 몇 십조가 집값을 끌어 올리고
무주택 서민들은 닭 쫓던 개꼴로 지붕만 쳐다보는 수밖에
말잔치, 돈 잔치로 서민대책 성찬 차린 당신들의 파티

다) 기름값이 떨어지면 달러 값이 올라가고
미국경제가 기침하면 세계경제가 몸살하고
트리플 폭락에 폭폭 새우등 터지는 소리

예시 가)는 「4대강 살리기」,나)는 「당신들의 파티」, 다)는 「새우등」의 각각 전문이다. 세편의 예시가 예외없이 정부 시책이나 경제 정책 등을 신랄히 비판하고 있다. 그렇다고 자잘못을 따진다거나 잘못을 힐난한다거나 고함치며 삿대질한다거나 하는 행동을 시앙, 징신차원의 통징을 감행하고 있다.

예시 가)에서는 국민의 여론이 찬반으로 들끓고 있는 '4대강' 살리기를 대상으로 반대나 찬성이라는 흑백논리를 지양, 찬반과는 전혀 다른 차원에서 엉뚱한 발상을 끌어들여 이를 재구성해 줌으로써 독자로 하여금 화자의 진의를 미루어 짐작케하는 문화적 통징을 감행하고 있다.

예시 나)는 조령모개한 금융정책의 불확실성을 통해 빈부의 애환을 양극화 하면서 말잔치로 말만 앞세우는 금융정책을 통렬히 질타하고 있는데 이를 외형으로 드러내는 공격성 대신 조롱과 비아냥으로 비웃고 소소함으로써 해학적 효용을 거두고 있다.

그리고 예시 다)는 고래 싸움에 새우등 터진다는 속담을 빌어 미국 경제에 의해 좌우되는 세계의 경제 현실을 골계미로 재구성함으로써 날카로운 공격성 비수를 들이대지 않고도 경제 불균형을 통징하는 시적 효용으로 작용하게 하고 있다.

이상 예시에서 볼 수 있듯이 '순수한 통징'은 칼끝이나 창끝을 들이대는 그런 날카로운 공격성이 아닌 부드럽고 유머스러우면서도 그 이면에 칼이나 창끝보다 날카로운 공격성을 은폐하고 있어 시의 정공법이라고 할 수 있는 메타포의 시적 기능을 실천하는데 기여하고 있다.

2-2 아이러니, 펀 등의 시법 즐겨 차용해

순수한 통징이 문화적 징벌이라면 아이러니나 펀은 문화적 징벌을 보다 효과있게 하기 위한 일종의 상보적 수단이라 할 수 있다. 그것은 시가 환정적 진술이 되기 위해서는 사실이 아닌, 사실로써는 체험할 수 없는 새로운 감동을 체험할 수 있게 하기 위해 언술에 의탁할 수밖에 없게 되는 이치와 다르지 않다.

상반되고 상충되는 서로 동떨어진 것이 결합됨으로써 상식으로는 모순인 것이 진실에 값하는 것으로 둔갑하는, 그리하여 시적 효과를 배가시켜주는 상반의 균형으로서의 아이러니도 그 하나다. 그런가 하면 동음이의나 이의동음이 이끌어내는 동떨어진 것의 결합으로서의 원인적 비유의 성립은 단순히 언어의 유희가 아니라 언어의 마술이다. 펀은 바로 그러한 언어의 마술이고 그 때문에 마술적 즐거움을 주게 되는데 펀의 시적 효용이 또한 그러하다.

임유행 시인이 즐겨 차용한 언술이나 수작 또한 그러한데 시를 제시했을 때 이해를 도울 것으로 본다.

가) 청와대는 터가 세긴 센 모양인가, 들어갔다 나오면
모두 법정 신세니 뭐가 씌어도 단단히 씌웠음인듯 싶은데
그래도 들어가겠다고 사생결단 기를 쓰니

나) 죽어서 사는 길이 여기에 있었네요
정의와 함께 역사도 일으켜 세우는 삶
생전에 따뜻한 손 한번 못 잡아본 아쉬움의 빈손입니다

다) 뭉치면살고 흩어지면죽는다 했는데 사람만 모이면 강제해산
아무래도 군중수보다 경찰수가 더 많으니
그것도 뭉치는 것일까, 뭉쳐 사는 길 될까

예시 가)는 「청와대 · 2」, 나)는 「길」,다)는 「국민과의 전쟁」 각각 전문이다. 예외없이 상반의 모순을 드러내고 있다. 예시 가)에서 '들어갔다 나오면/ 모두 법정신세 못면한데 그래도 '들어가겠다고 생사결단 기를 쓰는' 것은 '나오고' '들어가는' 양극화이자 동시에 상호 대립되는 상반이다.

예시 나)에서도 '죽어서 사는 길'도 상반된 모순이다. 죽어서 사는 길은 사실일 수 없기 때문이다. 그러나 죽어서 '정의와 함께 역사도 일으켜 세우는 삶'은 얼마든지 있다. 이순신이나 유관순, 김구 같은 역사적 인물은 다 죽어서 유명을 달리했으나 엄연히 역사속에 살아있는 삶들이 된다. 곧 과학적 진술로는 모순이나 환정적 진술로는 합리가 되는, 허위가 진실에 값하는 그리하여 상반의 것이 균형을 유지하는 아이러

니가 된다.

예시 다)도 예외는 아니다. '뭉치면 살고 흩어지면 죽는다'고 외치면서 한사코 '사람만 모이면 그것도 강제 해산'이다. 곧 삶에 역행되는 이치다. 데모현장에서 흔히 목도된 이러한 현장은 과연 '뭉치면 사는 것일까'에 의문을 제기하면서 '강제 해산'이라는 죽음의 역리에 울분하게 된다. '뭉쳐야 산다'면서도 삶을 해체시키는 '강제해산'이란 위정자들의 추한 면을 볼 수 있기 때문이다.

예시들이 보여준 이러한 아이러니는 기실 '아이러니가 없는 시, 곧 역설이 없는 시는 시가 아니다는 극단적 신비평주의자들의 지론에 충실했던 것이 되고 동시에 풍시조로 이런 시법에의 충실을 보여준 것이 된다.

아이러니와 함께 풍시조가 즐겨 동원한 시법의 하나가 펀이다. 펀하면 단순한 언어유희라는 사전적 의미에서 머물고자 한다. 허나 현대시에서의 펀은 말재롱이나 말장난의 한계를 극복, 시에 광체를 더해주는 언어의 시적 기능 및 효용으로 작용하고 있다. 시를 제기해본다.

가) 노와 반대로만 가면 다 잘될 줄 알았는데
외교통일, 경제 사회 나아가는 길 되레 뒷걸음질
노는 저을 수록 앞으로 가는 것을

나) 중국 올림픽 08년 8월 8일 8시 8분에 개막
우리도 8자타령 즐기는 편
이웃 사촌 아니랄까봐 팔자팔자 8자타령 좋아들 하네

다) 죽기는 왜 죽냐 억척스레 살아야지
목숨을 내동댕이 칠만큼 중요한 게 뭐 있다고
진실이야 알 수 없지만 인생을 연극쯤으로 아는 건지

예시 가)는 「MB · 하나), 나)는 「올림픽과 8자」 다)는 「최진실」의 각각 전문이다. 예외없이 예시들이 보여주고 있는 것이 펀이다. 예시 가)에서 첫행 '노'는 전 대통령인 MH를, 끝행 '노'는 배를 저어가는 노(櫓)를 지시하는 것으로서 동음이의 펀이다. 그러나 단순히 언어만을 유희하는게 아니라 MH방식을 버리면 외교통일, 경제, 사회 다 잘 될줄 알았는데 그 와는 달리 뒷걸음만 친 현 정권의 후퇴성에 대비함으로써 단순한 펀의 한계를 극복하고 있다. 그 뿐만이 아니다. 끝행 노는 저을 수록 앞으로 가는 것에 대비함으로써 의외의 사실을 끌어들이거나 연계해 또 다른 의미로 확산시키는 컨시트의 효과까지를 동시화 하고 있다.

예시 나)의 '8'과 '팔자'도 역시 동음이의 펀이다. 수치로서의 8과 이생의 운수를 의미하는 팔자는 전혀 연관성이 없는 소리 값의 우연의 일치에 불과하다. 중국사람들은 4가 행운중의 행운의 수치다. 그래서 4의 배수인 8도 행운의 수치일 수 있게 된다. 그것은 마치 한국인들이 3을 좋아하고 3의 3배수인 9를 행운의 수치로 받아들이는 것과 같은 이치다. 이치야 어쨌건 8과 팔자는 전자의 경우 행운을, 후자의 경우 불행에 연계된다. 여기에서도 양극화는 이루어지고, 이런 양극화를 펀을 빌어 교묘히 이끌어내는 것이 예시다.

끝으로 예시 다)도 예외는 아니다. 얼마전 자살한 배우 최진실과 바르고 참되다는 뜻을 지니고 있는 진실을 연계시켜 펀의 고리를 걸고 있기 때문이다. 최진실의 자살과 자살의 참뜻인 진실은 알 수 없지만 '인생은 연극쯤으로 아는' 것에 견주어 배우의 이미지를 이끌어내는 강조의 역할을 펀이 담당하고 있다. 그러면서 최진실의 메인 이미지인 배우를 부각시키는데 기여하기도 한다.

이와 같이 펀은 단순한 언어유희가 아닌 의외의 것을 끌어들여 원인적 비유를 성립시키는가 하면 상반의 것들은 교묘히 결합시키는 컨시트의 역할도 동시에 담당하고 있음을 보여주기도 한다.

2-3 돋보이는 양극화와 컨시트

풍시조의 또 하나의 시법이 양극화와 양극화를 합일시켜 시적 질서로 이끌어 내는 컨시트다.

양극화란 서로 상반되는 두 요소를 병치시킴으로써 필연화하는 상반과 상충이 수반하는 갈등과, 갈등이 유발시키는 긴장 초조 따위를 최대한으로 고조시켰다가 이를 해소함으로써 카타르시스를 체험하게 하는 일종의 시적 장치다.

그런가하면 컨시트는 상충의 요소를 교묘히 합일시켜 시에 광체를 더해 감동을 배가시켜주는 구성을 담당한다. 이점에서 컨시트도 사전적 의미의 단순한 기발성이나 기발한 착상이 아니라 시의 결구력을 통한 변용의 기교가 되기에 이른다. 역시 시를 제시했을 때 이해를 도울 것으로 본다.

가) 가축은 성장촉진제 채소는 성장억제제
사람이야 병들건 말건 돈만 벌면 그만이니
성장촉진·성장억제 두 맘보 지닌 얼굴도 사람얼굴일까

나) 우리 농산물은 비싸서 도시 서민은 못 사먹고
농민들은 농사지어도 수지가 안 맞는다니
주판알도 도시민과 농민이 따로따로 굴린가 봐요

다) 우리가 너무 잘 사는가 북이 너무 못사는가
흥청거리며 산다고 행복한 것도 안닌데
봉사 제 닭 잡아먹는 것도 모르고 거들먹거리지나 않는지

예시 가)는「촉진제와 억제제」, 나는「계산법」, 다)는「제 닭 잡아먹기」의 각각 전문이다. 예외없이 양극화가 잘 드러나 있다.

예시 가)에서의 전자 '성장 촉진제'는 가축을 숙성시켜 경제적 마진을 챙기기 위해 사용하는 가축용 사료이고, 후의 '성장억제제' 는 과일따위를 미니화시켜 고농축의 효과를 노려 사용하는 비료의 하나이다.

각기 다른 용도성의 상반성은 곧 대립되거나 반대되는 상반이나 상충성을 지니기 마련이다. 그 때문에 합일될 수 없는 양극성을 지니게 되고 이는 사용자의 양심을 척도할 수 있는

인간성의 잣대로도 이용될 수 있다. 이를 오직 이윤을 위해서는 인간의 양심도 버릴 수밖에 없는 비인간성에 들이댐으로써 단순한 상반이나 상충의 양극성이 극복된다. 이는 양극이 아닌 다른 무엇으로 귀결점이 설정됐음을 의미한다. 곧 엉뚱한 결론으로 遠引的 비유를 성립시켰다는 뜻이 되는데 예시에서 성장억제 성창촉진의 두 양면성을 지닌 얼굴도 '인간 얼굴일까'로 설의하는 전환의 재치, 그것이 곧 컨시트다. 이 점에서 양극화와 컨시트는 동전의 양면성과 같게 된다.

예시 나)에서의 도시민과 농민이 굴리는 주판알이 따로따로 라는 발상도 양극화에 기초한다. 비싸 사먹지 못하는 국산 농산물인데도 정작 농산물의 생산자인 농민은 수지가 맞지 않는다고 상반된 진술을 하고 있다. 이는 도시민과 농민이 따로따로 주판알을 굴리는 이유가 되는데 이 따로따로가 곧 양극화 현상이다,

그리고 비싸 못사먹는 쪽과 비싼대도 수자가 맞지 않는 쪽을 상충시키지 않고 주판알을 따로따로 굴리게 이동시켜 버리는 순발력으로서의 위트, 그것이 곧 컨시트다.

예시 다)에서의 남과 북은 빈부로 대비시킨 것은 항용의 상식이다. 남녘이 잘 살고 상대적으로 북녘이 못산다는 것은 기정화된 사실이다. 그리고 양분화다. 이런 상식적인 것을 대비시켰다가 끝 행처럼 '봉사 제닭 잡아먹는 것도 모르고 거들먹거리지나 않는지'라고 의외의 사실로 발상을 이동내지는 전환시켜 버린다. 여기에서 양극화가 보여주는 우월성은 근원

적 자괴감으로 반전된다. 발상의 반전이다. 이 또한 컨시트에 값하는 시적 역할이 되게 된다.

3. 결어

지금까지의 지적은 임유행 시인의 풍시조집 풍시조로 세상 때리기를 일별해 본 필자의 견해에 불과하다. 그러나 임유행 시인이 시법으로 차용한 순수한 통징이나 아이러니와 편 양 극화와 컨시트 등은 필자의 견해만이 아닌 형이상시법과 궤를 같이한다는 공적 견해가 될 것으로 본다. 그만큼 풍시조의 시법에 충실했기 때문이다.

•

임유행 시인은 전남 장흥 출생으로 『조선문학』에 시 당선되어 문단에 데뷔했다. 한국문협, 국제펜클럽 회원이며, 형상21시문학회 회장이다. 시집에 『바람부는 언덕에서』, 『필라의 햇빛과 할머니』, 『풍시조로 세상 때리기』 등이 있고 · 『시조시학』 신인작품상을 수상했다.

•

조선문학시인선 · 265

諷詩調 · X

2009년 10월 15일 인쇄
2009년 10월 20일 발행

지은이 / 임유행
발행인 / 박진환
펴낸곳 / 조선문학사
등록번호 / 1-2733
주소 / 110-092 서울 서대문구 홍제2동 96-4
대표전화 / 730-2255
팩스 / 723-9373

ISBN 978-89-93614-09-1

정가 8,000원